BEI GRIN MACHT SICH IHR WISSEN BEZAHLT

- Wir veröffentlichen Ihre Hausarbeit, Bachelor- und Masterarbeit

- Ihr eigenes eBook und Buch - weltweit in allen wichtigen Shops

- Verdienen Sie an jedem Verkauf

Jetzt bei www.GRIN.com hochladen und kostenlos publizieren

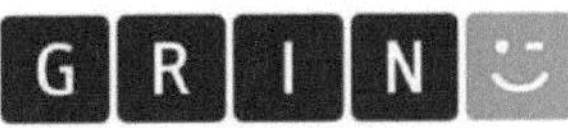

Bibliografische Information der Deutschen Nationalbibliothek:

Die Deutsche Bibliothek verzeichnet diese Publikation in der Deutschen National-
bibliografie; detaillierte bibliografische Daten sind im Internet über http://dnb.d-
nb.de/ abrufbar.

Impressum:

Copyright © 2014 GRIN Verlag, Open Publishing GmbH
Druck und Bindung: Books on Demand GmbH, Norderstedt Germany
ISBN: 978-3-668-09142-9

Giuliana Barrios

Die paranoisch-kritische Methode. Der Einfluss der Psychoanalyse auf Salvador Dalís Kunst

Analyse des Werks „Métamorphose de Narcisse" (1937)

GRIN Verlag

S E M I N A R A R B E I T

Rahmenthema des Wissenschaftspropädeutischen Seminars:
„Klare Sache"

Leitfach:
Kunst

Thema der Arbeit:

Entwicklung und Anwendung der paranoisch-kritischen Methode Salvador Dalís

Verfasser/in: Giuliana Barrios

Abgabetermin: Dienstag, 04. November 2014

Inhaltsverzeichnis

Schon immer ging für die Menschheit eine gewisse Faszination von ihren rätselhaften, über Nacht gediehenen Traumbildern aus, die früher als Eingebung von göttlicher Seite verstanden wurden.[1] Diese vorwissenschaftlichen Traumauffassungen sind im Einklang mit einer auf Religiosität basierenden Weltanschauung zu verstehen. Aristoteles dagegen war der erste, der Mitte des 4. Jh. v. Chr. in seiner Schrift „Über Träume und Traumdeutung" den Traum zum Objekt der Philosophie erklärte.

Ende des 19. Jahrhunderts entwickelte Sigmund Freud, der Urvater der Psychoanalyse, die revolutionäre Theorie des tiefenpsychologischen Persönlichkeitsmodells, die für die Entwicklung der surrealistischen Bewegung eine bedeutsame Rolle spielen sollte. Inspiriert von Freuds erstmals wissenschaftlich begründetem Hauptwerk „Die Traumdeutung" (1899) entstand eine neuartige Bewegung der modernen Kunst.

Salvador Dalí war einer der Hauptakteure der surrealistischen Bewegung, in der traumhafte, irrationale Bilder in den Tiefen des psychisch Unbewussten erstmals aufgegriffen wurden und künstlerisch dargestellt werden sollten. Scheinbare Grenzen zwischen Traum und Wirklichkeit, Irrealem und Realem wurden in einer „Über-Wirklichkeit"[2] aufgelöst, wobei die ursprüngliche visionäre Empfindung im Vordergrund stand. In die „traditionellen Konventionen eines fixierten Wirklichkeitsbildes"[3] wurden fortan Absurditäten und Phantasien integriert, die den „Dingkonstellationen"[4] einen magischen Charakter verliehen und in traumhaften, überillusionistischen Raumkonstruktionen aufgehen ließen.

Der Einfluss von Sigmund Freuds Psychoanalyse auf Salvador Dalís Kunst soll in dieser Seminararbeit herauskristallisiert werden. Im Fokus steht die Analyse von Dalís Werk „Métamorphose de Narcisse" (1937), als eine visuelle, weiterführende Interpretation Freuds Theorien durch Anwendung der von Dalí entwickelten paranoisch-kritischen Methode.

---

[1] vgl. Freud, Die Traumdeutung, S. 6

[2] Lexikon der Kunst, S. 212

[3] s.a.a.O.

[4] s.a.a.O.

2.1 Freuds Weg zur Psychoanalyse

Sigmund Freud (1856-1939) wurde als erster Sohn der zweiten Frau seines Vaters Jakob Freud in Freiberg im Nordosten des damaligen österreichischen Kaiserreichs geboren. Freud erfuhr stets eine gewisse Bevorzugung gegenüber seinen zwei Stiefbrüdern väterlicherseits und später auch gegenüber seinen vier weiteren Geschwistern, wodurch er sich sein ausgeprägtes Selbstbewusstsein oder „Eroberungsgefühl"[5], wie er es nannte, erklärt.

1859 sah die Familie sich aufgrund der weltwirtschaftlichen Schwierigkeiten, die die berufliche Existenz Freuds Vater als Textilhändler infrage stellten, gezwungen, in anfangs eher beengte Verhältnisse nach Wien zu ziehen. Während seiner gesamten Schulausbildung zeigte sich Freud als ehrgeiziger Schüler, der überdurchschnittliche Leistungen erbrachte und 1873 die Matura mit Auszeichnung bestehen sollte. Dabei lassen sich schon hier erste Tendenzen für das Interesse an der menschlichen Psyche erkennen:

> *„Mich trieb eine Art Wissbegierde, die sich mehr auf die menschlichen Verhältnisse bezog als auf natürliche Objekte [...]"[6]*

Freud verwarf seine anfänglichen Überlegungen Jura zu studieren und ging seiner Neigung nach, als er 1873 sein Studium in der medizinischen Fakultät in Wien antrat. Die Promotion zum Doktor der Medizin erhielt Freud 1881 nach erfolgreicher Präsentation seiner Dissertation[7].

Eine besondere Prägung erfuhr Freud durch Jean Martin Charcot, einem bedeutenden Professor für pathologische Anatomie, den er 1885 auf einer Studienreise nach Paris kennen lernte. Charcot hatte ihn mit zahlreichen Phänomenen der Hysterie, die er erstmals als eine eigene Krankheitsgattung diagnostizierte und zu dessen Behandlungsmethode u.a. die Hypnose zählte, vertraut gemacht und so den damals 30-jährigen Freud entscheidend geprägt.

---

[5] Freud, Jugendbriefe, 1873-1981

[6] Freud, Selbstdarstellung, 1925

[7] Titel der Dissertation: „Über das Rückenmark niederer Fischarten"

Eine weitere Prägung ging von Josef Breuer aus, einem bedeutenden Arzt, Psychologen und Philosophen aus Wien, der neben Freud als Wegbereiter der Psychoanalyse angesehen wird. Breuer schaffte es erstmals, im Rahmen seines Behandlungsprozesses die psychischen Krankheitssymptome seiner Patientin Bertha Pappenheim zu heilen, indem er die wahren Ursachen in – aufgrund von moralischen Vorstellungen der Gesellschaft verdrängten – kränkenden Erfahrungen und verstörenden Erlebnissen suchte. Das ab 1897 von Freud unter dem Namen „Psychoanalyse" angewandte Verfahren zeigt noch starke Parallelen zu den Ansätzen Breuers: Beide sahen die Ursachen für zahlreiche psychische Störungen in der Erfahrung sexueller Gewalt. Diesen Ansatz sollte Freud bald relativieren; er war davon überzeugt, den Ursprung psychischer Krankheiten in der Verdrängung außer Kontrolle geratener Triebe und Wünsche von Kindern gegenüber ihrer Eltern zu finden. Daraus entwickelte er die Theorie des „Ödipus Komplexes". Es folgt 1899 „Die Traumdeutung", sowie 1913 seine Schriften über „Totem und Tabu".

2.2 Psychoanalyse und Traumdeutung

Die Psychoanalyse zählt zu den aufdeckenden Therapien, deren Ziel es ist, das Gefühlserleben in speziellen Situationen, die als Symptome für ein psychisches Leiden ausgemacht wurden, umzustrukturieren und so den Patienten an ein normales, den gesellschaftlichen Normen angepasstes Verhalten heranführen zu können. Die psychoanalytische Therapie bedient sich der Methode der Traumdeutung.

In seinem Hauptwerk „Die Traumdeutung" beschreibt Sigmund Freud die revolutionäre Traumtheorie, die erstmals den Fokus auf die persönlichen Erfahrungen eines psychisch Erkrankten legt. Die Methode der Traumdeutung ermöglicht eine Rückführung auf die tatsächlichen Ursachen psychischer Störungen, die nach Freud in der Verdrängung uneingestandener Ängste oder Gefühle liegen. Krankhafte Fehlentwicklungen in der Psyche sollten durch Behandlungsmethoden wie der „freien Assoziation", einem Wegbereiter in die Schichten des Unbewussten, behoben werden. Dabei spricht der Patient alles aus, was ihm in den Sinn kommt, insbesondere Traumerfahrungen. Interessant für Freud sind dabei auffallende Wiederholungen bestimmter Motivgruppen, die eine stellvertretende Rolle für verdrängte Zwänge einnehmen. Freuds Theorie über unbewusste psychische Vorgänge hebt insbesondere die Verbindung zwischen dem triebgesteuerten Körperlichen und dem Mentalen, in dem die Vernunft inbegriffen ist, hervor.

Der Traum wird von Freud als ein im Unbewussten wurzelndes psychisches Phänomen verstanden, als visualisierte Befreiung eines verdrängten Wunsches, der sich verfestigt, indem er auch im Wachzustand an Gedanken anknüpft und so das Verhalten unbewusst beeinflussen kann. Damit eröffnet der Traum den „Königsweg für die Einsicht in das Geschehen des Unbewussten", denn „die Triebhaftigkeit für den Traum", so Freud, „wird vom Unbewussten beigestellt"[8].

Dieser verdrängte Wunsch ist angesichts der Prägung durch gesellschaftliche Normen und Wertvorstellungen als eine nicht immer zulässige „Wunschphantasie" zu verstehen, die sich über den Traum als Vermittlungsinstanz bemerkbar macht. Die Funktion des regulativen Faktors, von Freud „Zensur" genannt, ist im schlafenden Zustand abgeschwächt und verliert an Einfluss. So können unterdrückte Triebregungen oder uneingestandene Ängste den „latenten Traumgedanken", d.h. den Kerngedanken der Traumhandlung, bestimmen.

Dieses tief ins Unbewusste reichende Material wird vom Träumenden nur als „manifester Trauminhalt", abgeschwächt durch das lückenhafte Erscheinungsbild der Erinnerung, wahrgenommen, wodurch der ursprüngliche Traum zwar seine Komplexität verliert, jedoch immer noch auf dem selben Gedanken basiert. Nach Freud liegen „Traumgedanke und Trauminhalt [...] vor uns wie zwei Darstellungen desselben Inhalts in zwei verschiedenen Sprachen"[9] .

Um den „latenten Traumgedanken" in eine Traumerzählung umzuwandeln, bedarf es der Traumarbeit. Diese bedient sich spezieller Verschleierungsmechanismen, die sich nach Freud in die „Verdichtung" und in die „Verschiebung" unterteilen lassen: „Verdichtung", d.h. die Projektion vieler latenter Elemente auf ein einziges, wie beispielsweise eine im Traum auftretende Person, die die Eigenschaft einer ganzen Personengruppe vertritt, und „Verschiebung", bei der sich ein unzulässiges Element auf ein anderes verlagert, zum Beispiel ein beschämendes Gefühl, das im Traum in Form eines neutral erscheinenden Objekts auftritt.

---

[8] Freud, 1972, S. 517

[9] Rolf, S. 95

Zwar bietet die Freud'sche Psychoanalyse keine Möglichkeit der vollständigen Rekonstruktion des ursprünglichen primären Traummaterials, dem Stoff der Traumerzählung, jedoch strebt sie danach, sich diesem durch die Schichten der Psyche deformierten Original so weit wie möglich anzunähern.

3.1 Dalí und die surrealistische Bewegung

Der spanische Künstler Salvador Felipe Jacinto Dalí y Domenech (1904-1989), genannt Dalí, ist nicht nur kunsthistorisch in die Stilrichtung des Surrealismus einzuordnen, vielmehr verkörpert er diesen. Sein Ziel war es, dem „Traum die Farben einer Fotografie zu verleihen"[10], was ihm auch durch seine detailgetreue Malweise und die Visualisierung der für einen Traum charakteristischen Zerbrechlichkeit und Vergänglichkeit gelingen sollte.

Geboren in Figueras bei Gerona in Katalonien, schien der junge Spanier schon von Anfang an eine gewisse Faszination für traumhafte, innere Bildern und irrealen Phantasien zu empfinden. Ab 1922 besuchte er die Residencia de Estudiantes in Madrid und trat, nachdem er seinen Vater Salvador Dalí i Gusi von der Qualität seiner im Theater von Figueras ausgestellten Werke überzeugen konnte, ein Studium an der Kunstakademie „Escuela de Bellas Artes de San Fernando" ebenfalls in Madrid an.

Dalí identifizierte sich nun stärker mit Künstlern wie Pablo Picasso und André Breton und lehnte die traditionellen Richtungen der damaligen katalanischen Kunst ab. 1928 fertigte er in Zusammenarbeit mit Luis Buñuel das Drehbuch für den revolutionären Kunstfilm „Un chien andalou" an, in dem Aspekte der psychoanalytischen Traumlehre und surrealistische Elemente miteinander verschmelzen[11]. Nach der erfolgreichen Premiere seines Films vor Kunstprominenz in Paris erhielt Dalí die Eintrittskarte in den Kreis der Surrealisten u.a. um René Magritte, Max Ernst und Meret Oppenheim.

Dalís Hauptziel war es, die sonst so klaren Grenzen zwischen Traum und Wirklichkeit verschwimmen zu lassen. Dieser anfangs überwiegend in der Literatur vertretene surrealistische Grundsatz der Überwindung von Grenzen wurde maßgeblich durch den Schriftsteller und Dichter André Breton geprägt, der sich zum Begriff des Surrealismus wie folgt äußerte:

> *„Alles deutete darauf hin, dass es einen bestimmten Punkt des Geistes gibt, von dem aus Leben und Tod, Wirkliches und Eingebildetes, Gewesenes und*

---

[10] Hultén, S. 5

[11] vgl. Knapp, S. 84

Kommendes, Mittelbares und Nicht-mehr-Mittelbares, Oben und Unten nicht
mehr als Gegensätze und Widersprüche erscheinen."[12]

Durch die Auflösung der Grenzen verschmelzen die ursprünglich widersprüchlichen
Welten in einer Überwirklichkeit, der „sur-réalité". Dieses Prinzip findet seine Visualisierung in der surrealistischen Malerei durch das Aufgreifen irrealer sowie realer Aspekte: Reale Gegenstände werden mit einer überdeutlichen Genauigkeit in irrealen
Traumlandschaften inszeniert und in dieser in einen absurden Kontext gestellt. So
findet das „Irreale seine Schilderung mit den extremsten Mitteln des Realismus und
Illusionismus"[13].

3.2 Prägung durch Freud

Dalí unternahm drei Reisen nach Wien, um den von ihm hoch geschätzten Sigmund
Freud kennenzulernen und ihm den Surrealismus persönlich näher bringen zu können. Während dieser Treffen gelang es Dalí jedoch nie, zu Freud, der dazu neigte,
die Surrealisten für „absolute (sagen wir zu 95 Prozent wie beim Alkohol) Narren"[14]
zu halten, in erhoffter Weise vorzudringen.

Durch die Vermittlung von Stefan Zweig sollte Dalí am 19. Juli 1938 kurz vor Freuds
Tod schließlich ein weiteres, lang ersehntes Treffen in London, wo Freud seit kurzem
im Exil wohnte, ermöglicht werden, dessen Zustandekommen Dalí oftmals stolz zitiert. Zweig hatte zuvor für Dalí geworben und Freud nahegelegt, dass ein Mann wie
er einmal den Künstler sehen sollte, auf den er wie kein anderer eingewirkt hat.[15]

Tatsächlich gelang es Dalí, Freuds Blick auf den Surrealismus zum Positiven hin zu
wenden; er ermöglichte ihm so erstmals eine Wertschätzung der neuartigen Bewegung, deren Philosophie deutliche Analogien zur Psychoanalyse aufweist. In einem
Brief an Stefan Zweig am darauf folgenden Tag reflektiert Freud die aufschlussreiche
Begegnung: „Wirklich, ich darf Ihnen für die Fügung danken, die die gestrigen Besu-
cher zu mir gebracht hat […]. Der junge Spanier mit seinen treuherzig-fanatischen

---

[12] Breton, Qu'est-ce que le surréalisme?, aus: Lexikon der Kunst, Surrealismus, S. 212

[13] a.a.O.

[14] Salber, S. 73

[15] vgl. a.a.O.

Augen und seiner unleugbar technischen Meisterschaft hat mir eine andere Einschätzung nahegelegt."[16]

Die Faszination, die die Freud'schen Schriften auf Dalí ausübten, ist auf mehreren Ebenen greifbar und prägte den Künstler entscheidend in seiner Lebensphilosophie. Er lobte die „sensationelle Entdeckung des Unbewussten durch Freud"[17] und wies auf den revolutionierenden Einfluss hin, den Freuds Theorien auf die damalige spanische Kunst hatte. Das folgende Zitat spiegelt Dalís Begeisterung für Freuds Schriften über die Traumdeutung wider, die ihm zum entscheidenden Impuls wurden:

> *„Zu jener Zeit hatte ich gerade angefangen, Sigmund Freuds Traumdeutung zu lesen. Dieses Buch erschien mir als eine der Hauptentdeckungen meines Lebens, und mich befiel eine wahre Sucht nach Selbstanalyse; ich interpretiere nicht nur meine Träume, sondern alles, was mir passiert wie zufällig es auf den ersten Blick auch aussehen mochte.*[18]

3.3 Entwicklung der paranoisch-kritischen Methode

Inspiriert von Freuds Theorien der Psychoanalyse entwickelte Dalí um 1930 seine eigene Form des psychoanalytischen Denkens, die paranoisch-kritische Methode. Dieses für Dalís folgende Werke bedeutsame Verfahren bedient sich der Vorstellungswelt eines Paranoikers, dessen Wirklichkeitsbild von ihm zwar als real empfunden wird, allerdings starke Abweichungen von dem der tatsächlichen Realität aufweist. Ein paranoid Erkrankter leidet unter einer von Wahnvorstellungen geprägten „Seelenkrankheit, deren Wahn meist zu einem in sich logischen System ausgebaut und durch Gegeneinwände nicht zu entkräften ist"[19]. Dalí hingegen betrachtet den Wahn als „Gegenentwurf zur Norm", als ein „im künstlerischen Sinne wünschenswerter Zustand"[20].

Bei der paranoisch-kritischen Methode handelt es sich um eine Interpretationsmethode, die die Auffassung der Wirklichkeit nach genau festgelegten Deutungsprinzi-

---

[16] Salber, S. 73

[17] Dalí, 1984, S. 12 aus: Knapp, S. 95

[18] Dalí, 1984, S. 205

[19] „Paranoia" aus: Der Neue Brock Haus

[20] Knapp, S. 104

pien bestimmt, um eine Nachempfindung des Paranoid-Kranken zu ermöglichen. Die Voraussetzung dafür bildet Dalís psychoanalytisch geprägtes Verständnis der eigenen Person, welches in seinen Schriften anhand der Reflexionen über die Beziehung zu seiner Frau Gala verdeutlicht wird, die er als „Erweiterung seiner selbst"[21] betrachtet.

Dalí strebte stets danach, die mittels aktiver Annahme paranoider Wahrnehmungsverzerrung gewonnenen inneren Bilder auf die Außenwelt zu projizieren und so zu seiner eigenen, in sich stimmigen Deutung der Welt zu gelangen. Die genaue Vorgehensweise bleibt dabei rätselhaft; ihr wird vom Künstler selbst ein verklärender, überhöhender Charakter zugeschrieben. Den Prozess der Projektion von „Innen" nach „Außen" visualisiert Dalí in seinen Werken, um dem Betrachter eine Nachempfindung zu ermöglichen. Dabei konnte jede Art von Kausalität unter dem Vorwand einer „paranoischen Realitätskonstruktion"[22] außen vor gelassen werden.

Die paranoisch-kritische Methode sollte in Anwendung auf seine Kunst allerdings nicht nur eine Rekonstruktion der vom Künstler intendierten, verborgenen Bildaussage, sondern eine Ergänzung des Wahrgenommenen mit eigenen inneren Bildern ermöglichen. Es stellt eine „Überinterpretation im Interesse der lustvollen Wunscherfüllung des Interpretierenden dar."[23] Durch eine Anreicherung des Wahrgenommenen mit subjektiven Elementen wird so die Wirklichkeit auf schöpferische Weise schier ins Unendliche erweitert.

Dalí ästhetisiert die Paranoia, indem er das in ihr vorhandene kreative Potential erkennt, dieses als einen Mechanismus instrumentalisiert und in kontrollierter Form auf die eigene Wahrnehmung anwendet. Erscheinungsbilder der Außenwelt werden konsequent auf die eigene subjektive Erlebniswelt „zugeschnitten" und so die „Verwirrung zum System erhoben"[24]. Somit scheinen Grenzen zwischen dem Paranoiden und der Wirklichkeit auf einer künstlerischen Ebene aufgelöst und deren voneinander getrennte Existenz im Allgemeinen in Frage gestellt zu werden.

---

[21] Knapp, S. 97

[22] a.a.O., S. 101

[23] Gorsen, S. 474

[24] Dalí, La Femme visible, 1930

In Dalís nach dieser Methode in den 1930er Jahren entstandenen Werken lässt sich der dem paranoiden Denken innenwohnende „Unsicherheitsfaktor über die Eindeutigkeit der Darstellung"[25] nachempfinden. In Vexierbildern wird die Paranoia künstlerisch visualisiert: Es handelt sich um „doppelte Vorstellungsbilder"[26], die den Betrachter mit einer Zweideutigkeit der Bildgegenstände und -formen konfrontieren. Die sonst so klar scheinende Wirklichkeit wird hier durch die vom Künstler provozierten unterschiedlichen Auslegungsmöglichkeiten in Frage gestellt. In seinen Schriften hebt Dalí 1930 die Bedeutung der paranoisch-kritischen Methode hervor:

> *„Durch einen eindeutig paranoischen Vorgang ist es möglich geworden, ein doppeltes Vorstellungsbild zu erhalten: das heißt die Darstellung eines Gegenstandes, die ohne die mindeste figürliche oder anatomische Veränderung gleichzeitig die Darstellung eines anderen, völlig verschiedenen Gegenstandes ist, auch sie frei von jeder irgendwie gearteten Verzerrung oder Amoralität, die auf ein Arrangement schließen ließe."[27]*

Durch die Vielfältigkeit der Auffassungsmöglichkeiten einer dargestellten Szene handelt es sich nicht mehr um einen manifesten Inhalt, der vom Künstler vorgegeben wird, vielmehr adressiert das Dargestellte das Unbewusste des Betrachters und wird so zu etwas Latentem umstrukturiert. Dalí liefert nur die Impulse, die vom Betrachter durch unbewusste Inhalte zum eigentlichen Werk ergänzt werden.

Salvador Dalí und Sigmund Freud, beide schreiben dem psychischen Anteil in der Entstehung von Wahrnehmungen eine hohe Bedeutung zu[28]. Bei dem Versuch, die Denkweise eines Paranoikers zu verstehen, gilt es zuerst seine verschobene, von der Norm abweichende Wahrnehmung als Ausgangspunkt für die Weltbetrachtung zu nehmen. Diese Grundthese wird bei Dalí dem Verständnis des „Normalen" übergeordnet, wodurch die Perspektive auf das von der Gesellschaft ausgegrenzte „psychisch Kranke" verschoben wird.

---

[25] Knapp, S. 102

[26] Dalí, 1930, S. 132

[27] a.a.O.

[28] vgl. Knapp, S. 103

Dalí erklärt damit das paranoische Erleben zur Grundlage künstlerischer Entstehungs- und Erschaffungsprozesse[29]. Psychische Abnormalität wird hier nicht als zu überwindende Krankheit gewertet, sondern zum Objekt der Kunst erhöht und die ihr innenwohnende Kreativität fokussiert. Er beschreibt die Paranoia als „eine Art geistige Krankheit, die darin besteht, die Wirklichkeit so zu organisieren, dass sie zur Kontrolle eines Phantasiegebäudes benutzt werden kann" [30].

Zwischen Freud und Dalí liegt jedoch ein entscheidender Unterschied im Umgang mit jenem „Phantasiegebäude": Während Freud den Patienten im Laufe eines psychoanalytischen Prozesses auf ein normales Funktionieren in der Gesellschaft vorbereitet und so dessen „Phantasiegebäude" in eine der Realität angemessene Konstruktion verwandelt, betrachtet Dalí das Psychisch-Kranke als schöpferische Quelle für die Kunst. Damit teilte er ähnliche Vorstellungen mit anderen Künstlern dieser Zeit wie Picasso oder Klee: Picasso sah beispielsweise die ursprüngliche Kreativität im „Primitiven" repräsentiert, Klee u.a. in Kindern und „Geisteskranken".

---

[29] vgl. Dalí, 1930, S. 24

[30] a.a.O.

3.4 Werkanalyse: Métamorphose de Narcisse, 1937

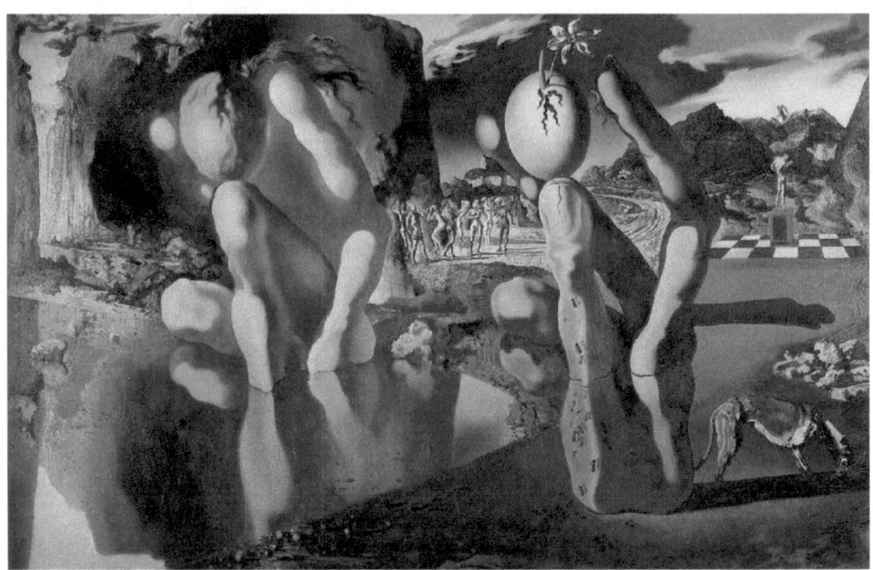

Salvador Dalí, *Métamorphose de Narcisse, 1937,* Öl auf Leinwand 50,8 X 78,2, The Trustees of the Tate Gallery, London[31]

Dalís Werk „Métamorphose de Narcisse" entstand 1937 in Anlehnung an sein 1936 in Paris verfasstes Gedicht „Narziss" und sollte den Betrachter durch erstmalige Anwendung der paranoisch-kritischen Methode zu einer subjektiven Deutung des Gemäldes führen.

> *„Dalí hat dem Surrealismus ein Werkzeug ersten Ranges geliefert in Gestalt der paranoisch-kritischen Methode, die er sogleich unterschiedslos auf die Malerei, die Poesie, den Film, auf die Herstellung typisch surrealistischer Gegenstände, auf die Mode, auf die Bildhauerei, auf die Kunstgeschichte und gegebenenfalls sogar auf jede Art von Interpretation anzuwenden verstand."[32]*

---

[31] „Métamorphose de Narcisse.", obraska, Zugriffsdatum: 29.10.2014, http://obraska.over-blog.fr/article-metamorphose-de-narcisse-38681261.html

[32] Breton, Qu'est-ce que le surréalisme?, zitiert nach: Walther, S. 285

Dalís Gedicht kann als lyrischer Wegweiser betrachtet werden, der die Interpretation des Bildwerkes lenkt. Dadurch wird der Zugang zu dem Gemälde determiniert: Die dramatische und düstere Grundstimmung wird durch die prägende Anschaulichkeit von Verszeilen wie „Morgendämmerung mit den geplatzten Adern", „drohende sinnliche Katastrophe, das fleischfressende Aufblühen ihrer latenten morphologischen Atavismen" oder „die transparente Hypnose der Leidenschaften", die das Leitmotiv der Zerrissenheit zwischen zäher Qual und größter Lust ausmachen, bereits vorgegeben. Dalí beschreibt die fleischliche und organische Materie mit einer überdeutlichen Genauigkeit, die Ekel provoziert – für den Künstler jedoch liegt gerade in diesem Grenzthema die Faszination.

Die folgende detaillierte Bildanalyse zeigt die Anwendung der paranoisch-kritischen Methode in dem Gemälde „Métamorphose de Narcisse":

Das Werk kann als ein Dokument Salvador Dalís Theorien der Doppelbildlichkeit gesehen werden. Es lässt der Psyche des Betrachters den Freiraum, die Konstellation einer im Wasser knienden Gestalt und einer deren Grundformgebung aufgreifenden steinernen Hand in einen sinngebenden Zusammenhang zu stellen.

Die Divergenz der auf den ersten Blick unzusammenhängend erscheinenden Motivgruppierungen ist Ausdruck surrealistischer Bestrebungen. Dabei ist das Werk als eine moderne Interpretation des griechischen Mythos von Narziss zu verstehen – dem schönen Sohn des Flussgottes Kephissos und der Wassernymphe Leiriope – der sich in sein eigenes Spiegelbild verliebte, daran zugrunde ging und sich nach dem Tod in eine Narzisse verwandelt haben soll.

Zu sehen ist eine endlos weite in Erdfarben gehaltene Landschaftskulisse, die seitlich durch rot-braune Felsformationen begrenzt wird. Der Künstler verbildlicht damit Erinnerungen an „Cap de Creus", eine katalanische Halbinsel nahe Port Lligat, auf der er in seiner Kindheit oftmals seine Ferien verbrachte. Die vom jahrhundertelangen Zusammenspiel aus Wind, Regen und Salz geprägte Landschaft ist durchzogen von beeindruckenden Felsformen, die auf ihn schon als Kind eine große Faszination ausgeübt haben und sich in seinen späteren Gemälden häufig als Schauplatz wiederfinden. Auch soll dies der Ort gewesen sein, an dem er und seine Frau Gala ihre Liebe zueinander fanden.

Den Blick gesenkt, befindet sich die in warmen Goldtönen gebadete Gestalt im linken Bildabschnitt und verweilt in ihrer passiven Lage. Nach vorne geneigt, erinnert der auf dem Knie der Figur ruhende Kopf an eine Walnuss, die in einem überdimensionierten Größenverhältnis dargestellt ist. Von ihr geht ein Pferdeschwanz aus, dessen schwarz-braunes Haar in schlängelnden Linien nach hinten ausläuft und damit die Farbgebung der angrenzenden Felswand aufgreift.

Dadurch, dass der Betrachter den abgewandten Gesichtsausdruck nicht deuten kann, wird eine Art Spannungsverhältnis provoziert. Die Figur scheint ihre Aufmerksamkeit dem eigenen Spiegelbild, das sich als Projektion auf dem klaren See ins Unendliche fortsetzt, gewidmet zu haben, wodurch eine isolierte Zweisamkeit entsteht. Die durch das Spiel von Licht und Schatten plastisch herausgearbeitete Muskulatur lässt den Körper männlich erscheinen und bildet im Zusammenspiel mit der den Jüngling Narziss charakterisierenden Selbstbetrachtung den Bogen zum Mythos.

Das Seewasser vermittelt nicht nur das Bild einer Fortsetzung der Gestalt, sondern lässt auch die sonst so klaren Grenzen zwischen dem jungen Mann und der ihn umgebenden Natur zu einer harmonischen Einheit verschmelzen. Bei längerer, etwas zerstreuter Betrachtung, wandelt sich nach Dalís paranoisch-kritischen Methode das Bild der Gestalt in die Erscheinung einer Hand, auf deren Fingerspitzen ein Ei thront, der Geburtsort der Narzisse. Dieses durch visuelle Impulse vom Künstler provozierte Bild findet sich weiter rechts in der Darstellung einer versteinerten Hand verfestigt wieder. Auf ihren mächtigen Fingern präsentiert sie mit einer gewissen Zärtlichkeit und Eleganz das nun in fotografischer Genauigkeit inszenierte Ei als Symbol für Fruchtbarkeit. Die rissige Schale des Eis ist gerade im Begriff, von einer Blume, die sich als Narzisse identifizieren lässt, durchbrochen zu werden. Die erhöhte Inszenierung der Blume könnte einerseits auf ihre Zerbrechlichkeit hinweisen, andererseits den hohen Bedeutungsgrad dieses Ereignisses repräsentieren.

Das Gemälde ist also eine Darstellung des Moments der Metamorphose; Dalí liefert hier eine Art visuelle Anleitung, die die Verwandlung des Narziss in eine tote steinerne Hand und das anschließende Entspringen der Blume nachvollziehbar macht. Diesen Prozess beschreibt Dalí mit dem psychoanalytischen Begriff des „Komplexes": Eine Person, der im metaphorischen Sinn „eine Zwiebel in den Kopf" einverleibt ist, steht vor einer latenten Konfrontation mit dem Ausbruch des Komplexes, wodurch unbewusste Vorstellungen im Bezug auf Handlungen oder Träume zum Vorschein kommen.

Die Erhöhung des „Komplexes" ist mit Dalís Verständnis psychischer Krankheiten zu erklären: Die ursprüngliche Kreativität wird im Kern krankhafter Wahnvorstellungen gesehen und deren schöpferisches Potential zu künstlerischen Zwecken genutzt. Diese für Dalí vom Krankhaften ausgehende Faszination ist auf bildlicher Ebene auf das Erblühen der Narzisse zu übertragen, die von den aufkommenden schwarzen, bedrohlich wirkenden Gewitterwolken überschattet wird. Der Übergang vom glasklaren, strahlend-blauen Frühlingshimmel nach rechts zu den von Kälte gezeichneten Motiven unterstützt zudem die These des aufkommenden Unheils.

Bei Sigmund Freud tritt der Narzissmusbegriff im Zusammenhang mit der Libido, der „Triebenergie-Theorie" auf. Sigmund Freud definiert den Begriff Narzissmus folgendermaßen:

> *„Die der Außenwelt entzogene Libido ist dem Ich zugeführt worden, so dass ein Verhalten entsteht, welches wir Narzißmuss heißen können."*[33]

Da nach Freud in der frühen Kindheit die Libido nur dem eigenen Ich zugewandt ist, spricht Freud hier vom „narzißtischen Stadium". Im Laufe der Entwicklung lernt das Kind, libidinöse Beziehungen zur Außenwelt, beispielsweise zu den Eltern, auszubauen und überwindet damit dieses primäre Stadium. Bei einer krankhaften Fehlentwicklung wendet sich die Libido von den Objekten ab und erneut dem eigenen Ich zu – für Freud der Schritt zum „Sekundären Narzissmus". Diese starke Ausprägung der Selbstbezogenheit finden sich auch im Mythos des schönen Narziss.

Während die Figur hingebungsvoll ihr Ebenbild betrachtet, ist die erstarrte Hand bereits den Spuren der Zeit ausgesetzt. Das Material der eigentlich fleischlichen, menschlichen Hand wirkt steinern, ist aber dennoch zerbrechlich und vom Prozess der Verwesung geprägt. Damit steht die Hand im Kontrast zu dem nach außen hin perfekt erscheinenden Abbild des Menschenkörpers. Ameisen, die an der von Rissen gezeichneten Struktur der Hand empor klettern, sind ebenfalls als Motiv für die Vergänglichkeit zu verstehen, wie auch die abgemagerte Raubkatze rechts neben der Hand, die gerade die letzten fleischlichen Überreste eines Tierkadavers verschlingt.

---

[33] Freud, Gesammelte Werke, Zur Einführung des Narzißmus, S. 193-198

Das Fressen stellt hier für das Tier kein Mittel zur Stärkung dar, sondern ist Ausdruck seines eigenen Leids, wodurch es den Prozess der Verwesung repräsentiert.

Weiter hinten im Bild befindet sich ein in den roten Sandboden eingelassenes, schwarz-weiß gekacheltes Schachbrett, auf dem sich eine weiße Einzelfigur in Rückenansicht befindet, die, den Kopf nach unten geneigt, auf einem rot-schwarzen Sockel ruht. Dabei ist das Spielbrett Ausdruck Dalís Faszination für die menschliche Psyche, die wie jenes einem gewissen System unterliegt und sich so auf logisch-strukturierte Grundformen zurückführen lässt.

Das Gemälde ist insgesamt geprägt von diesem Verständnis der Symmetrie: Während der Jüngling Narziss an der Achse zwischen Wasser und Körper in sein weiterführendes Gegenbild gespiegelt wird, spielt die Hand nur mit dem Phänomen einer angedeuteten Spiegelachse, einem Riss in der brüchigen Struktur des kalten Gesteins. Damit wird abermals das Motiv der Augentäuschung aufgegriffen, wodurch die paranoisch-kritische Methode verstärkt ihre Anwendung findet.

Etwa in Höhe des Schachbretts in der Mitte des Bildes lässt sich eine Gruppe von Frauen und Männern unterschiedlicher Hautfarben erkennen, die sich um ein Wasserbecken versammelt hat. Dabei scheint auch hier das undurchdringliche Wasser die Spiegelbilder der Figuren zu reflektieren und so unterschiedliche Reaktionen innerhalb der Gruppe hervorzurufen. Während sich manche in ihrem Entsetzen die Hand schützend vor die Stirn halten, gehen andere Personen scheinbar in der Schönheit ihres Ebenbilds auf. Die nackten Körper der Menschen geben den differenzierten Empfindungen Ausdruck und verdeutlichen diese repräsentativ durch ihre Körpersprache.

In dem Gemälde „Métamorphose de Narcisse" kommt Dalís paranoisch-kritische Methode exemplarisch zum Einsatz, indem er die immanente Doppeldeutigkeit im Mythos Narziss nutzt. Dieser Mythos kann als ein ewiger organischer Kreislauf von Tod, Auflösung und Wiedergeburt gesehen werden, der sich durch die Metamorphose schließt und sogleich von Neuem beginnt.

Im Rahmen der vorliegenden Arbeit wurde der hohe Bedeutungsgrad der Lehren Sigmund Freuds, dem „Urvater der Psychoanalyse", für die künstlerische Prägung Salvador Dalís aufgezeigt. Freud, dem Dalí die Entdeckung des Unbewussten zuschreibt, bezog die Träume und Phantasien seiner Patienten in die psychotherapeutischen Behandlungen mit ein. Durch die Traumdeutung erhoffte er sich einen Zugang zu den Schichten des Unbewussten und damit zur wahren Quelle für psychische Störungen. Diese liegt nach Freud in uneingestandenen, durch gesellschaftliche Normansprüche verdrängten, körperlichen Trieben. Damit wurde „das Triebleben der Seele zum Zentrum der psychoanalytischen Aufmerksamkeit"[34].

Der Surrealismus greift die psychoanalytische Traumlehre auf: Ziel ist nicht die Abbildung der Realität, sondern deren Erweiterung unter Einbezug des Unbewussten – denn erst die Verschmelzung von Realem und Irrealem führt zur „Überwirklichkeit", der „sur-réalité". Doch wie erschließt sich das Unbewusste, dieses ursprüngliche, irreale Material? Die Antwort lieferte Dalí mit der Entwicklung der revolutionären paranoisch-kritischen Methode, die für ihn die Funktion einer „Formel" zum bewussten Nacherleben des Entstehungsprozesses der Phantasiegebäude von Träumenden oder Paranoiden hatte. Dalí wandte diese Interpretationsmethode bedingungslos auf seine Kunst an, so auch in dem Gemälde „Métamorphose de Narcisse" (1937).

Das Entspinnen des Mythos vom schönen Narziss wird vom Künstler genutzt, um Metamorphosen in vielerlei Hinsicht zu thematisieren. Durch die Doppelbildlichkeit visualisiert Dalí den Grenzbereich der Umwandlung und des Übergangs von Materie in andere Formen und Zustände. Der Tod des Narziss versinnbildlicht die Wandlung von fleischlicher Materie der Jünglingsfigur zur kalten, steinernen Hand und leitet zugleich den Ausbruch neuen Lebens und damit des kreativen Potentials des „Komplexes" ein. „Wenn dieser Kopf zerspringt, wenn dieser Kopf zerplatzt, wenn dieser Kopf aufbricht, wird er zur Blume werden, ein neuer Narziß."[35]

---

[34] Knapp, S. 222

[35] Walther, S. 288

1.   Mary Ann CAWS, *Salvador Dalí*, London, 2008

2.   Salvador DALÍ, *La Femme visible, Editions surréalistes*, Paris 1930, München: Rogner und Bernhard, 1974

3.   Sigmund FREUD, *Gesammelte Werke, Zur Einführung des Narzissmus*. Bd. 10, Werke 1913-1917

4.   Sigmund FREUD, *Die Traumdeutung in Gesammelte Schriften*, Bd. 2. Wien, 1925

5.   Sigmund FREUD. *Selbstdarstellung. Die Medizin der Gegenwart in Selbstdarstellungen*. Bd. 4. Leipzig. 1925

6.   Sigmund FREUD/Eduard Silberstein. *Jugendbriefe an Eduard Silberstein*. 1871-1881

7.   Peter GORSEN. *Salvador Dalí, der kritische Paranoiker. Ausgewählte Schriften*. Bd. 1. Frankfurt am Main. 1980

8.   Pontus HULTÉN. *Territorium Artis. Schlüsselwerke der Kunst des 20. Jahrhunderts*. Bonn. 1992

9.   Hanna KNAPP. *Avantgarde und Psychoanalyse in Spanien. José Ortega y Gasset, Salvador Dalí, Rosa Chacel und ihre Rezeptionen Theorien Sigmund Freuds. Schriftenreihe Studien zur Romanistik*. Bd. 14. Hamburg. 2008

10.   Hans Ulrich RECK. *Traum. Enzyklopädie*. München. 2010

11.   Giancarlo RICCI. *Sigmund Freud. Der Vater der Psychoanalyse*. Berlin. 2006

12.   Eckard ROLF. *Metaphertheorien: Typologie, Darstellung, Bibliographie.* Wal
ter de Gruyter Lexikon. Berlin. 2005

13.   Linde SALBER. *Salvador Dalí.* Reinbek. 2004

14.   Frank STEIN. *Der Krankheitsbegriff bei Sigmund Freud. Zur Erlangung der
Doktorwürde der Medizinischen Fakultät der Bayerischen Julius-Maximilians-
Universität zu Würzburg.* Würzburg. 1989

15.   Karin THOMAS. *Bis Heute. Stilgeschichte der bildenden Kunst im 20.
Jahrhundert.* 8. erweiterte und überarbeitete Auflage. Köln. 1988

16.   Ingo F. WALTHER (Red.). *Salvador Dalí. Retrospektive 1920-1980. Gemälde,
Zeichnungen, Grafiken, Objekte, Filme, Schriften.* München. 1980

Nachschlagewerke:

1.   Der Neue BROCKHAUS, 5. Auflage, Wiesbaden, 1973

2.   Lexikon der Kunst, *Malerei, Architektur, Bildhauerkunst; Lexikon der Kunst in
zwölf Bänden,* Bd. 11, Sem - Tot, Erlangen, 1994

Internetquellen, Bilder:

1.   „Salvador Dalí", *rebelsintradition,* Zugriffsdatum: 29.10.2014,
http://rebelsintradition.com/people/salvador-dali

2.   „Métamorphose de Narcisse 1937", *obraska,* Zugriffsdatum: 29.10.2014,
http://obraska.over-blog.fr/article-metamorphose-de-narcisse-38681261.html